LETTRE

DE

MADAME LA VICOMTESSE

DE CHAPPEDELAINE

A M. MESLIER.

LE NORMANT, IMPRIMEUR-LIBRAIRE.

LETTRE

DE

MADAME LA VICOMTESSE

DE CHAPPEDELAINE

ADRESSÉE

A M. MESLIER,

JUGE INSTRUCTEUR,

POUR LUI DEMANDER

DE FAIRE CESSER LA DÉTENTION AU SECRET DE SON MARI.

PARIS.

IMPRIMERIE DE LE NORMANT, RUE DE SEINE

1818.

Nota. *Cette lettre étoit sous presse quand le secret du général Chappedelaine a été levé, le 12 de ce mois, à quatre heures après midi. J'ai pu, enfin, le voir, pendant un quart d'heure, en présence d'un gendarme, après quarante-un jours de détention. Je n'ai pas pensé que cette circonstance dût arrêter la publication de cet écrit.*

LETTRE

DE

MADAME LA VICOMTESSE

DE CHAPPEDELAINE.

~~~~~~

<div style="text-align:right">Paris, le 11 août 1818.</div>

Monsieur,

Je vous ai demandé bien souvent de permettre que je visse mon mari, que je lui parlasse, ailleurs que dans votre cabinet, devant vous, et en présence d'un huissier et d'un gendarme, ou dans le bureau des huissiers, en présence de gens apostés pour empêcher qu'il ne me dise un mot, ou que je lui adresse une seule question, faveur que je n'ai obtenue que deux fois, et pendant moins de trois minutes chaque fois ; enfin, je vous ai prié de vouloir bien lever son secret : vous
~~~~~~

m'avez répondu que vous ne le pouviez pas ; qu'il s'agit d'une grande et vaste conspiration qui compromettoit la sûreté des ministres, celle du Monarque, et celle de l'Etat ; que les lois autorisent un juge à détenir au secret un prisonnier autant de temps qu'il le croit convenable, surtout quand il s'agit d'un crime de lèze-majesté au premier chef.

J'ai vu M. Bellart, procureur-général. Non seulement je n'ai pas été plus heureuse auprès de lui ; mais après une discussion assez animée, il lui est échappé de me dire : *Vous demandez la levée du secret de votre mari : Pourquoi ne parle-t-il pas ?*

Mais s'il n'a rien à vous dire, ai-je repris non moins vivement ; *si cette conspiration n'est que le rêve d'un cerveau malade et frappé d'une panique terreur* (1), *il est donc*

---

(1) Je parle des dénonciateurs, s'il est vrai qu'il y en ait au procès ; ou de fabricateurs de notes de police, s'il est possible que ce soit sur de pareils renseignemens que l'on ait commencé une procédure si éclatante et si hostile. Et comme il faut bien que tout finisse, il faudra bien que nous connoissions, un jour,

condamné à rester dans une prison, privé d'air et de jour, à être enterré vivant dans un cachot ?

M. le procureur-général ne m'a plus répondu : il en avoit trop dit, peut-être. Aussi ce qu'il m'a dit a porté le trouble, l'inquiétude dans mon âme, l'a bouleversée de manière qu'à mon tour, frappée d'une grande terreur, j'ai parcouru les longues pièces du palais où l'on trouve errans les avocats qui ont plaidé, ou qui se disposent à plaider. J'abordois ceux dont on m'avoit décliné les noms, et qui m'inspiroient de la confiance ; et à chacun en particulier, j'adressois cette demande : *Monsieur un juge instructeur peut-*

---

ces dénonciateurs, ces notes, ces renseignemens, enfin, dont parle M. le procureur du Roi dans son réquisitoire, comme on le verra ci-après, quand je le rapporterai. De toutes les issues que peut avoir ce procès, la seule qu'on ne supposera certainement pas, est celle par laquelle ces dénonciations, ces plaintes ou ces notes ne nous seroient point communiquées : cela ne s'est jamais fait, et ne se fera jamais... ! Si, cependant, il se pouvoit..... ! le meunier de Sans-Souci disoit : *Nous avons des juges à Berlin ;* moi je dis : *Nous avons le Roi légitime, la Charte, et les lois.*

il détenir un prisonnier au secret pendant autant de temps que cela lui convient? Tous m'ont rendu une réponse négative. Il est vrai que l'un me citoit la Charte qui l'interdit positivement ; que l'autre m'assuroit que quand *Buonaparte* régnoit, on ne pouvoit s'en plaindre, parce que son gouvernement n'étoit point *libéral ;* qu'il étoit, au contraire, essentiellement militaire et tyrannique, et que sa volonté étoit sa première loi ; mais que, sous le règne de Louis XVIII, qui assure la liberté individuelle, un pareil *secret* est une violation de nos lois constitutionnelles. Celui-ci me citoit le Digeste, et me parloit latin ; celui-là me présentoit la Constitution de l'an VIII, le Code pénal, le Code d'instruction criminelle. Enfin, bien persuadée que cette mesure de détenir des prisonniers au secret est injuste, que c'est même une sorte de torture recréée depuis qu'on a aboli la question dans la procédure criminelle, je retourne auprès de vous, Monsieur, et vous me répétez : *Je conviens que la loi est muette sur le secret ; mais un juge doit faire ce que la loi ne dit pas pour obtenir la vérité qu'il cherche.* Je cours encore après mes avocats, et je leur demande si un juge, dans un procès criminel, peut faire ce que la loi ne dit pas? *Non, Madame*, me répond affirmativement le premier; le second balance... *C'est selon!.. La loi donne un pouvoir discrétionnaire...* Qu'est-ce qu'un pouvoir discrétionnaire? répétai-je... *C'est le droit de faire à l'instant telle ou telle chose... d'employer tel ou tel moyen... Il est vrai que c'est à un président de Cour d'assises que la loi l'attribue, etc. etc....* Tout cela n'est pas clair, m'écriai-je... Je vole chez celui qui est spécialement mon conseil :

— *Vos lois criminelles, Monsieur, sont donc un dédale ?*

— *Au contraire, Madame, elles sont très-simples.*

— *Mais je parle de celles qui règlent votre procédure criminelle.*

— *Elles sont simples aussi, très-claires et très-faciles à comprendre. Il suffit de savoir lire, et d'avoir un peu de justesse dans l'esprit.*

— *Et avec cela, Monsieur, on peut donc savoir à quoi s'en tenir sur cette question:*

Si M. le juge instructeur peut mettre éternellement mon mari, et les autres prévenus, de conspiration, au secret ?

— Oui, Madame, voilà le Code d'instruction criminelle, voilà le Code pénal ; si vous pouvez supporter une lecture attentive de tout cela, vous en saurez bientôt autant que moi, et même autant que bien d'autres. En supposant cependant que vous soyez arrêtée par quelque difficulté, je suis à vos ordres, et je vous donnerai toutes les explications dont vous aurez besoin.

—Monsieur, je vais me pourvoir de vos Codes. Je les lirai, je les étudierai.

— Madame , n'oubliez pas la Charte ! Prenez bien garde à l'article 4, qui garantit la liberté individuelle, et à l'article 68 , qui laisse en vigueur un grand nombre d'autres lois.

Je me suis donc pourvue bien vite du *Code pénal*, du *Code d'instruction criminelle*, de la *Charte*, de la *Constitution de l'an VIII.* Jai lu tout cela bien attentivement ; et quand je ne courois pas au Palais, à la Conicergerie, à la Force, dans votre cabinet, M. le juge instructeur , ou dans le cabinet de M. le procureur du Roi, j'étois appliquée à l'étude des Codes : je les connois bien actuellement, et je me crois en état de démontrer que rien n'autorise un juge à détenir un prisonnier au secret tant que cela lui paroît convenable. Je vais donc vous dire, Monsieur, comment je suis arrivée à cette conclusion ; ayez, je vous prie, la patience de me lire : ce n'est ni un Mémoire, ni une Consultation que je fais; je fais une Lettre ; je fais ce que je peux pour vous prouver qu'il faut que je voie mon mari, qu'il doit, quoiqu'on l'ait mis en prisou comme un agent de conspiration, respirer l'air, et savoir que tout à coup, le monde n'a pas disparu autour de lui.

Je ne pourrai mettre de la méthode dans ma manière de raisonner. Je dirai ce que je vois comme je le vois. Il pourra y avoir dans ma lettre des digressions, des monologues, des dialogues : il y aura tout ce que je penserai pendant que j'écrirai, car écrire en ce moment et sur la question qui m'occupe, est un besoin auquel il faut que je cède. Je

regarde l'arrestation du général Chappedelaine, sa détention au secret, comme une
affreuse injustice ; et quand j'imagine que mes
pas, mes démarches, mes efforts sont inutiles, quand je ne peux apercevoir comment
finiront le tourment de mon mari, celui de
ses amis et le mien, il est heureux que j'aie
une active occupation qui s'empare des
facultés de mon esprit, et qui détourne mon
imagination des tableaux funestes qu'elle
pourroit créer.

Occupons-nous d'abord de ce qu'on peut
savoir de l'accusation. J'ai lu sur un des
mandats en vertu desquels on a saisi les papiers des quatre premiers prévenus ; je dis les
quatre premiers prévenus, car ils sont cinq,
depuis l'arrestation du général Canuel :

*Nous, François Meslier, juge d'instruc-
tion près le tribunal de première instance du
département de la Seine, vu le réquisitoire
de M. le procureur du Roi, en date de ce
jour, relativement à un complot qui auroit
été formé contre la personne du Roi, contre
celle de ses ministres, et contre la sûreté de
l'Etat, complot dont sont désignés comme
agens, le sieur... et autres; ... vu aussi les*

pièces et documens joints à ce réquisitoire,
ordonnons, etc. etc. . . . . .

On est venu chez le général Chappedelaine exécuter cette mesure de s'emparer de
ses papiers, le 2 juillet, avant cinq heures du
matin; et c'est ce même jour que M. le procureur du Roi avoit fait son réquisitoire, et
fourni ses pièces et documens ; c'est ce même
jour aussi que vous les avez vus, que vous
avez vu le Réquisitoire, que vous avez
ordonné la saisie des papiers chez quatre personnes, et leur arrestation. Messieurs, vous
vous levez de bien bonne heure, et vous
êtes furieusement expéditifs, puisque vous
aviez fait et vu tout cela avant quatre heures
du matin ! Les huissiers, les sbires de la
police ne sont pas moins diligens; ils se sont
trouvés là, à point nommé, pour exécuter
les ordres ; et cependant ils n'ont pas été
prévenus la veille! Ils ne pouvoient pas l'être,
car le Réquisitoire n'a été fait que le 2 juillet,
avant cinq heures du matin; il n'a été lu
qu'à cette heure aussi par vous, M. le juge
instructeur : et un juge, avant de connoître
un procès, ne peut savoir s'il fera arrêter des
individus et saisir leurs papiers; car il ne peut

connoître les noms et demeures de ceux qui seront compris dans une accusation qui n'existe pas encore (1).

***

(1) Au nombre de ceux que je consulte, car on pense bien que je n'ai pas la présomption de m'abandonner à mon imagination et à mon inexpérience, il est des personnes timides qui m'ont arrêtée en cet endroit de la lecture que je faisois, en me disant que ce ton presque plaisant convenoit peu à une femme dans ma position, et pouvoit être considéré comme une irrévérence envers le magistrat : je me défends, je défends mon ouvrage. On me répond : Il y a tant de gens qui ont l'esprit mal fait, qui veulent tout mal voir! avec votre permission, messieurs les gens timides, je ne rayerai rien; je n'écris pas pour les gens qui ont l'esprit mal fait, et ce qu'ils penseront de moi m'est égal; je sais que l'envie, la haine et la calomnie se servent de tout, emploient tout; mais tout cela n'a qu'un temps ; je ne vois pas comment je suis irrévérente envers un magistrat, en parlant d'un fait qui résulte d'une pièce que je tiens dans mes mains, et en la racontant, comme il si présente à mon esprit, et dans le ton où il est monté instantanément. Quant à ma situation, et aux grimaces qu'on veut que je fasse, mon mari et ses amis sont innocens; je me plains du supplice qu'on leur fait subir actuellement, mais, je ne redoute rien pour l'avenir. C'est l'accusé, convaincu ou prêt à l'être, ou

Mais; passons sur cette étonnante activité qui vous a fait faire tant de choses en une nuit, ainsi qu'à M. le procureur du Roi, et arrivons à des observations plus importantes. Malgré le mystère dont on enveloppe cette procédure, elle n'est pas tellement secrète que les papiers anglais n'aient publiés, presqu'en entier, le réquisitoire de M. le procureur du Roi, avant qu'aucun Français ait pu se douter de son contenu; il faut cependant en excepter les accusés, si vous le leur avez lu; mais quant à ceux-ci, vous vous êtes arrangé de manière qu'ils n'ont pas parlé. Je n'ai pas moins le droit de m'étonner que ce qui se fait à Paris si secrètement, soit une chose déjà publique à Londres (1).

___

dont la conscience est troublée, qui peut trembler et chercher à fléchir ou à apitoyer son juge. Je n'en ai pas besoin.

(1) A la première page du premier mémoire que Beaumarchais a publié contre M. et Mme de Goëzman, il a mis cette note :

« Les gazettes étrangères, toutes les méchancetés
» qu'elles contiennent, se fabriquent à Paris. Celui qui
» va payer un paragraphe à certain bureau de cette

Cependant, ce Réquisitoire nous a été enfin connu par une autre voie : c'est par l'indiscrétion de quelques témoins qui, étonnés de la manière dont ils ont été entendus dans leur déposition, s'en alloient comme moi racontant ce qui leur est arrivé, et demandant aussi : Est-ce que c'est ordinairement ainsi qu'on interroge les témoins? Voyons, Monsieur, s'ils ont été sincères dans leur récit.

Dans les premiers jours, M. le procureur-général Bellart étoit assis dans votre cabinet, ayant devant lui une feuille de papier sur laquelle il prenoit des notes. On commençoit par lire au témoin le réquisitoire de M. le

---

» ville, est toujours sûr d'y faire dénigrer qui bon lui » semble à juste prix. »

En réimprimant ces mémoires, depuis la révolution, l'éditeur a ajouté à cette note, en lettres italiques : *C'étoit vrai alors.* Si l'on fait une troisième édition, il faudra supprimer ces quatre mots, et y substituer ceux-ci : *Cela est encore vrai ; il s'agissoit, alors, de quelques misérables intrigues ; il s'agit, actuellement, de choses bien plus sérieuses.*

Buonaparte a eu une gazette anglaise à sa solde ; et pour que cela lui fût plus commode, on assure qu'il la faisoit imprimer à Paris.

procureur du Roi, dont ce que j'ai rapporté, extrait du mandat de perquisition des papiers, n'est que le résumé, le sommaire ou la conclusion. On dit plus au long, dans le commentaire de ce résumé, ou de ces conclusions, que les conjurés avoient fait le projet d'enlever les sept ministres quand ils sortiroient du conseil; de les enfermer dans le château de Vincennes, au moyen d'un faux ordre; de se transporter en suite auprès du Roi, et de le contraindre à changer son ministère; et s'il s'y refusoit... je ne puis écrire le reste!... Loin d'imaginer qu'on ait pu se familiariser avec cette idée, je ne sais comment on a trouvé assez de courage pour l'insérer dans un Réquisitoire; mais si cela résultoit des dénonciations ou des notes et renseignemens fournis, en ce cas je plains ce magistrat d'avoir eu un aussi triste, un aussi pénible devoir à remplir, surtout s'il est devenu pour lui un devoir indispensable. Continuons cependant : on parle encore, dans ce Réquisitoire, d'un rassemblement d'officiers qui a eu lieu au boulevard de Gand pour empêcher qu'on insultât de nouveau le général Douadieu. Que l'on suppose que ce prétexte pouvoit cacher une autre intention, etc. etc. Cette lecture achevée; on ouvroit le Code pénal, et on lisoit encore au témion l'article qui condamne à des années d'emprisonnement ceux qui, ayant eu connoissance d'une conspiration, ne la dénoncent pas. On lui demandoit enfin s'il connoissoit le complot; et quand il restoit muet d'étonnement, ou qu'il sourioit par un sentiment que je ne qualifie pas, on l'assuroit solennellement que ce n'étoit point une chimère; et M. le procureur-général prenoit la parole, pressoit, sollicitoit pour que l'on parlât (1).

---

(1) Je donne pour preuve du fait que j'avance, copie de la lettre qu'a bien voulu m'écrire M. de Chauvigny, et qu'il m'a autorisée à publier; la voici :

MADAME LA VICOMTESSE,

C'est avec un véritable plaisir que je satisferai aux demandes que vous voulez bien me faire relativement à M. le procureur-général, lors de l'interrogatoire que j'ai subi devant M. Meslier, juge d'instruction, dans l'affaire de la prétendue conspiration, le.... juillet 1818. Oui, madame la vicomtesse, il est très-vrai et très-certain que M. Bellart y étoit présent, assis à une

J'ignore combien vous avez de témoins qui déposent de l'existence de cette conspiration ; mais tous ceux que j'ai vus et que

---

table qui se trouvoit à ma droite ; il devoit également s'être trouvé à l'interrogatoire de celui qui m'avoit précédé (M. Martainville) : ce qui me le feroit croire, c'est qu'il tenoit à la main un petit papier sur lequel deux lignes étoient écrites, et qu'il le retourna pour s'en servir, pour y inscrire beaucoup plus de notes qu'il recueilloit sans doute de mes réponses.

Il est également certain que lorsque lecture m'eut été donnée de la plainte portant conspiration contre le Roi, contre l'État, contre les Ministres, et renfermant des détails au sujet de M. le lieutenant-général Donadieu, et dont l'insulte devoit conduire à une réunion qui avoit un tout autre objet, m'étant récrié sur l'impossibilité qu'il y avoit à ce qu'un vrai Français pût conspirer contre son Roi et contre l'État, M. le procureur-général me fit observer qu'il étoit aussi question des ministres. Je lui répondis alors que je n'avois pas plus de connoissances de l'une que de l'autre. M. Bellart me fit remarquer alors que, comme chevalier de Saint - Louis, j'étois encore plus obligé qu'un autre à dire ce que je savois ; à quoi je lui répondis que j'avois l'honneur d'être chevalier de Saint-Louis depuis près de vingt-cinq ans, que je n'avois jamais manqué aux devoirs que ce titre m'imposoit ; que dès lors, puisque je disois que je ne savois rien de vous avez entendus, n'en connoissoient rien du tout. Il me semble seulement que depuis quelque temps on a cru devoir un peu dévier, et qu'on s'occupe actuellement de découvrir

---

ce qu'on me demandoit, c'est que je l'ignorois entièrement.

Je puis assurer que M. Bellart resta présent tout le temps de mon interrogatoire, et je suis bien persuadé que ce magistrat ne contredira pas à cet égard.

Je ne sais, madame la vicomtesse, si j'ai bien répondu à vos intentions, mais vous verrez du moins le désir sincère que j'aurois de faire quelque chose qui vous fût agréable; recevez-en l'assurance, madame la vicomtesse, et permettez-moi d'y ajouter celle des sentimens respectueux avec lesquels j'ai l'honneur d'être,

Madame la vicomtesse,

Votre très-humble et très-obéissant serviteur,

Signé le comte de CHAUVIGNY DE BLOT.

Paris, 6 août 1818.

P. S. Si vous croyez, madame la vicomtesse, devoir donner de la publicité à ma lettre, je vous y autorise de bien bon cœur, attendu qu'elle ne contient que la vérité.

Le comte de CHAUVIGNY DE BLOT.

les auteurs de la note secrète. Est-ce que cela pourroit composer une conspiration qui remplaceroit celle à laquelle l'information ne donne ni corps ni surface ? Je n'ai pas le temps de l'examiner actuellement : mon mari n'est pas plus auteur de cette note secrète, qu'agent de la première conspiration. Le temps dévoilera tout (1).

---

(1) On peut, quoiqu'on ne soit pas aussi intéressé que moi à cette mystérieuse affaire, désirer, en effet, qu'elle soit dévoilée. Entre tout ce qu'elle présente d'inexplicable, la conduite qu'on a tenue à l'égard du général Canuel n'est certainement pas ce qu'il y a de plus facile à expliquer. On a décerné contre lui un mandat de comparution : il a cru devoir ne point obéir, afin de se présenter à l'audience le jour où son procès contre les sieurs Senneville et Fabvier a été appelé. Après avoir annoncé, dans le discours qu'il y a prononcé, qu'il se plaçoit sous la sauve-garde des lois et de l'opinion publique, il s'est rendu dans le cabinet de M. le juge instructeur. Ce magistrat n'a pu procéder à son interrogatoire, et l'a renvoyé libre, sous la promesse qu'il a faite de se présenter le lendemain. Il est revenu ; on a examiné ses papiers qui ne présentoient rien de suspect : il a encore été renvoyé libre sur la même promesse. Enfin, la troisième fois il a été inter-

J'ai bien étudié le Code; M. le juge
instructeur, et je crois vous l'avoir déjà dit; ce
qui m'a le plus frappé dans cette procédure
criminelle, c'est la présence de M. le procureur général dans votre cabinet pendant
l'audition des témoins. Je pourrois vous citer
un grand nombre d'articles du Code d'instruction criminelle qui, loin de le permettre,
l'interdisent très-positivement. Je me con-
tente actuellement de faire cette remarque :
Il y a deux degrés de juridiction dans une
information, la première instruction est diri-
gée par le procureur du Roi et ses substituts;

---

rogé depuis midi jusqu'à cinq heures, et arrêté. Le
voilà, aussi, plongé au secret.

On n'avoit donc, avant ce troisième jour, rien réuni
de bien sérieux contre lui ; car le juge se seroit, dès
le premier jour, emparé de sa personne ; le général
eût descendu, dès le premier jour, dans les ténèbres
du secret. Comment se fait-il qu'après deux jours d'une
liberté entière, aussitôt qu'il a été initié dans le mystère de l'accusation, on ait cru devoir subitement l'arrêter et le détenir au secret? Pourquoi le prendre et
le laisser aller deux fois alternativement? Je prie, seulement, ceux qui en savent plus que moi, de m'expliquer ce qu'il est raisonnable de penser sur tout cela,

la seconde, qui a lieu à la Cour royale, par la Chambre d'accusation, reste sous la direction de M. le procureur - général ou de ses substituts. Si le procureur-général dirige la première, qui dirigera la seconde ? S'il les dirige toutes les deux, alors tout est bouleversé ; il n'y a plus d'ordre, de degrés, d'hiérarchie : c'est le cahos. Je puis me tromper ; mais une pareille procédure doit être nulle, archi-nulle ; et c'est cependant sur cette procédure qu'on retient mon mari, le général Canuel et ses amis au secret.

Cependant, et depuis plus d'un mois (1), M. le juge instructeur, n'avez-vous pas été effrayé de l'invraisemblance que présentoit ce Réquisitoire de M. le procureur du Roi, fait apparemment pendant la nuit du 2 juil-

____

(1) On m'assure que cette procédure n'est pas nulle pour cela ; que ce n'est qu'une grande irrigularité ; que la présence du procureur-général n'a point été constatée aux actes faits en sa présence ; que d'ailleurs ce qu'on a mal fait, on le refait. A la bonne heure ; j'ai toujours droit de me plaindre que, pendant qu'on refait ce qu'on a irrégulièrement fait, les prisonniers restent au secret ; et je dirai toujours aussi : Qu'alloit faire là M. le procureur-général ?

let ? Et si vous avez réfléchi à ce que cette accusation a d'invraisemblable, comment, sans avoir entendu de témoins, sans avoir rassemblé les preuves du crime, ou celles au moins qui rendoient probable la complicité des arrêtés, avez-vous commencé par faire saisir leurs papiers, qui leur ont été rendus parce qu'ils ne présentoient rien de suspect ; avez-vous fait enlever ces hommes de leur domicile à cinq heures du matin pour les plonger ensuite dans un secret dont ils ne sont plus sortis ? Le Code d'instruction criminelle, l'un des Codes de Buonaparte, le défend cependant bien positivement. Ecoutez comment est rédigé l'article 40, qui est l'un de ceux qui règlent de quelle manière un procureur du Roi doit agir quand il y a *flagrant délit*, et vous verrez plus bas ce que la loi désigne comme un flagrant délit.

« Article 40. Le procureur du Roi, audit
» cas de flagrant délit, et lorsque le fait est
» de nature à entraîner peine afflictive ou
» infamante, fera saisir les prévenus présens
» contre lesquels il existeroit des indices
» graves. »

Cela est tout simple : le crime vient d'être

commis; le prévenu contre lequel s'élèvent des indices graves est aussi là. On constate l'un, on arrête l'autre. Mais continuons.

« Si le prévenu n'est pas présent, le pro-
» cureur du Roi rendra une ordonnance à
» l'effet de le faire comparoître. Cette ordon-
» nance s'appelle *mandat d'amener.* »

Vous voyez qu'il n'est pas question de faire saisir les papiers à cinq henres du matin, avant d'avoir entendu le prévenu. Mais pesons bien ce qui va suivre; car c'est là que j'en voulois venir.

« *La dénonciation seule ne constitue pas*
» *une présomption suffisante pour décerner*
» *cette ordonnance contre un individu*
» *ayant domicile.* »

Quand il s'agit d'un flagrant délit, la présomption qu'un homme peut être coupable ne résulte donc pas d'une dénonciation; il faut une preuve ou un commencement de preuve sortant de pièces ou de dépositions de témoins; et cela est plus vrai encore quand il s'agit d'un complot, car le complot n'est que le fait de se concerter pour agir; par conséquent, on médite d'agir seulement, mais on n'a point encore agi. «Il y a com-

» plot, dit l'art. 89 du Code pénal, quand
» la résolution d'agir est concertée et arrêtée
» entre deux conspirateurs ou un plus grand
» nombre, quoiqu'il n'y ait point eu d'at-
» tentat. » C'est donc l'attentat qui est l'action
qui peut seule constituer le *flagrant délit*.
Je retourne à mon Code d'instruction criminelle, et je lis, art. 41 : « *Le délit qui se*
» *commet actuellement, ou qui vient de se*
» *commettre est un flagrant délit.*

» Seront aussi réputés flagrans délits, le
» cas où le prévenu est poursuivi par la cla-
» meur publique, et celui où le prévenu est
» trouvé saisi d'effets, armes, instrumens ou
» papiers, faisant présumer qu'il est auteur
» ou complice, pourvu que ce soit dans un
» temps voisin du délit. » Or, la clameur
publique ne poursuivoit certainement pas
ceux que vous avez fait arrêter : vous n'avez
saisi chez aucun de ces messieurs des papiers,
des effets suspects, vous n'avez pas trouvé
un amas d'armes. Ils avoient leur épée,
mais rien de ce qui constitue le flagrant délit.

Je termine donc mon raisonnement de
cette manière : Quand il y a un flagrant délit,
il y a nécessité de s'emparer du prévenu plus

promptement que dans un autre cas ; cependant, pour le priver de sa liberté, pour
décerner le mandat d'amener, une dénonciation ne suffit pas ; elle doit suffire encore
moins quand il s'agit d'un délit qui n'est pas
flagrant.

Vous connoissez bien, Monsieur, ces deux
Codes, et certainement vous êtes un juge trop
intègre pour ne pas vous y être conformé ;
surtout quand il vous falloit procéder crimi-
nellement contre des royalistes qui datent
de trente ans l'opinion qu'ils professent, ou
contre des hommes qui ont si long-temps
combattu dans les armées royales. Permettez
que je vous présente ce qu'on appelle un
dilemme : Ou vous n'aviez que les documens
et renseignemens joints au Réquisitoire de
M. le procureur du Roi, comme vous le
dites dans votre mandat pour saisir les papiers ; j'admets, quoique cela ne soit pas
probable, que vous ayez encore par devers
vous une ou deux dénonciations ; tout cela,
d'après l'article que j'ai cité, ne pouvoit
suffire pour décerner un mandat d'amener
qu'on ne devoit exécuter qu'en saisissant les
papiers ; et par renseignemens et par docu-

mens, j'entends et j'imagine autre chose que ces notes et rapports de police, bons pour la police, mais sur lesquels l'œil de la justice ne s'arrête jamais. Vous aviez donc à rassembler dans le silence d'une information secrète, les élémens d'une preuve, avant de répandre dans toute l'Europe le bruit d'une épouvantable conspiration, avant d'arracher des militaires de leur domicile pour les plonger dans un silencieux secret, au fond d'un cachot, dont les échos mêmes sont muets, avant de les livrer désarmés aux calomnies de tous les journaux, de tous les écrivains qui ne pardonnent point à ces hommes leur antique attachement au Roi et à la légitimité. Ou vous aviez cette information préliminaire toute faite, la preuve étoit acquise; après l'arrestation des prévenus, il ne vous restoit plus qu'à compléter l'instruction du procès par l'interrogatoire, l'audition d'autres temoins, leur récolement avec les accusés; et, dans ce cas, où étoit la nécessité de les tenir pendant des mois entiers au secret? Car enfin il est impossible de croire que sur la simple pensée qu'un complot peut exister sur un renseignement de police ou une simple dénonciation, vous vous soyez déterminés, en violant la loi, à employer contre les prévenus une mesure qu'on ne déploie pas même contre des escrocs, des voleurs, des assassins.

J'arrive à la question importante qui doit m'occuper, celle de savoir si vous pouvez mettre un prévenu en prison, au secret, et l'y détenir autant de temps que vous le jugez convenable.

J'ouvre la Charte... je vais donc raisonner sur la Charte. Je me suis dit : Pour une femme, cela est un peu hardi ! Si je discute à perte de vue sur la première, la plus stable des lois du royaume, celle en vertu de laquelle on fait les autres; si je trouve d'étonnantes contradictions entre cette Charte et les autres lois conservées; si je cherche à accorder tout cela; si je me trompe; si je m'abuse, on me dira, c'est que je n'y entends rien; est-ce qu'une femme peut comprendre ce que les hommes étudient si long-temps? Qu'elle lise les Codes pénal et d'instruction criminelle, cela est assez facile; mais quand il faut distinguer, comparer, rechercher ce qui doit rester d'une loi, et ce que la Charte a abrogé, c'est autre chose ; il faut au moins qu'une femme , en ce cas, ait un guide. — Me voilà donc bien déterminée à prendre des conseils. —Mais qui dois-je consulter? de jeunes avocats? ils connoissent bien le présent, ils jettent leurs yeux dans l'avenir; mais pour le passé, ils ne s'en occupent guère ou point du tout. Je me suis ressouvenu d'un ancien jurisconsulte qui ne plaide plus, qui donne rarement des consultations, qui fait peu de bruit, mais qui vit au milieu de ses gros livres.

Je me rends dans son cabinet. Après lui avoir expliqué l'objet de ma visite, je le prie de me dire, si j'ai bien compris l'art. 4 de la Charte, qui assure la liberté individuelle, de me donner la raison qui fait qu'au premier aspect les lois paroissent souvent se contredire, et semblent être opposées aux principes que la Charte établit. On conçoit que je voulois tirer parti de cette discussion pour affermir celle à laquelle il faut que je me livre, dont le but est de prouver ma proposition, que la détention de mon mari au secret est une mesure illégale. Mais si je me sers de l'instruction de mon vieux jurisconsulte , je ne veux cependant pas m'approprier son

érudition, et c'est pour cela que je rapporte
ce qu'il m'a expliqué, à peu près comme il
me l'a expliqué. Ecoutez donc, car c'est lui
qui parle.

Cette contradiction, me dit-il, n'est pas
seulement apparente, elle est réelle; et vous
allez bientôt voir qu'il est impossible qu'il en
soit autrement : elle tient aux différens genres
de gouvernemens que nous avons eus, qui,
se succédant les uns aux autres, ont transmis
à ceux qui les remplaçoient, les lois et les
institutions créées, qui ne pouvoient convenir à ces derniers gouvernemens; mais on
n'avoit pas le temps de les changer, parce
que les systèmes passoient aussi rapidement
que les tableaux dans une lanterne magique.

Avant la révolution nous n'avions pas de
constitution, dit-on; non, sans doute : elle
n'étoit pas écrite et divisée en articles comme
toutes celles que nous avons vues depuis;
mais les classes du peuple avoient des priviléges. Le temps qui, comme la nature, tra-
vaille lentement, en produisant des choses
solides et stables, avoit formé des institutions
que l'usage avoit consacrées, auxquelles
presque tous les hommes tenoient par les in-

térêts de leur fortune , par ceux de l'orgueil ou seulement de l'amour-propre ; et ces anneaux, s'unissant, par une autre chaîne , aux bases principales du gouvernement, il en résultoit, qu'aux moyens de ces intermédiaires, les Français s'attachoient à leur pays et à leur Roi. Quand l'esprit de vertige s'est emparé de toutes les têtes... — Monsieur, je vous demande pardon vous expliquez cela très-clairement ; mais je suis pressée de connoître pourquoi la Charte et nos lois actuelles ne s'accordent point. — J'y suis, Madame ; je vais dire en peu de mots, cela est utile à la question que vous voulez traiter.

Après la chute du trône et de l'autel , après l'anéantissement de la noblesse, des priviléges , et de toutes nos institutions, quand on n'avoit rien remplacé, il ne restoit qu'un immense monceau de décombres. C'est sur ces décombres qu'on a installé une république. Le pouvoir étoit tout entier dans les mains de la Convention , qui , ne pouvant l'exercer, le confioit à ses comités. Les comités tombèrent promptement sous l'influence de quelques meneurs qui , non-seulement dominèrent partout en maîtres absolus, en

véritables tyrans, mais qui opprimèrent ensuite ceux mêmes qui les avoient élevés.

Cette convention a fait des milliers de lois
qui n'ont pas été exécutées , ou qui n'ont eu
qu'un moment d'exécution, ou qui n'ont pas
même été imprimées , et qui n'en sont pas
moins des lois, Aussi quelques-unes ont été
extraites de l'obscurité où elles dormoient
par les gouvernemens subséquens, qui, n'o-
sant en créer de semblables alors , trouvoient
commode d'aveir l'air de croire qu'elles
fussent encore en vigueur.

- A la Convention a succédé un autre genre
de tyrannie, c'est celui du Directoire. Quand
les Conseils ne disputoient pas le pouvoir à
cette direction exécutive, pour qu'on ne crût
pas qu'ils étoient oisifs et inutiles, ils faisoient
des lois qui ont encore grossi la masse énorme
de toutes celles qui existoient déjà. Sur les
ruines de ce dernier gouvernement, et sur
celles d'une république qui n'a jamais existé
que de nom, Buonaparte est venu fonder
l'empire. Son gouvernement étoit militaire
et tyrannique. Alors on a tari ces sources de
lois qui paroissoient intarissables. Mais le
nouveau maître de la France, en refondant

tous nos codes, cherchoit moins à bien faire
qu'à attacher son nom partout, à prendre
possession de tout, à renforcer son pouvoir
par tous les moyens. Aussi reconnoît-on,
dans toutes ses œuvres, l'empreinte du pouvoir militaire. C'est dans cet esprit que Treil-
hard a rédigé le Code pénal, que d'autres
ont compilé ses autres codes. Mais, en éta-
blissant aussi son gouvernement dans un sys-
tème de perpetuelle agression, de conti-
nuelles conquêtes, en agissant comme tous
les gouvernemens qui l'ont précédé, il n'a
point songé à travailler pour fonder solide-
ment, il n'a fait aucune de ces institutions
qui attachent réellement, et par des intermédiaires, les peuples à la patrie. Toujours
ivre de ses conquêtes, de son pouvoir et de
sa gloire, il n'a rien préparé en cas de re-
vers, ou seulement pour résister à une tem-
pête, s'il en avoit à éprouver. Aussi, il est
arrivé ce que tout le monde pouvoit prévoir.
La fortune a cessé un moment de protéger
ses gigantesques entreprises; et l'on a vu que
ce colosse, qui, de son poids, pressoit le
monde entier, n'avoit que des pieds d'argile.
Frappé par la petite pierre, descendue de la

montagne ; il a été renversé en un moment moins par l'effort des armées étrangères que par son imprévoyance. Mallet l'eût détrôné plus tôt, s'il eût commencé à agir une heure plus tôt.

Le Roi de France est rentré dans ses Etats : il a voulu concilier les anciens et les nouveaux principes pour réunir les différens partis. Abjurant toute haine, tout ressentiment des outrages qu'il avoit éprouvés, concédant une partie majeure du pouvoir qu'il tenoit de Dieu et de son droit, il nous a donné la Charte et un gouvernement représentatif.

Cette Charte est bien certainement de toutes les constitutions que nous avons eues, celle qui donne réellement aux Français trois avantages composant la plus grande somme de bonheur qu'un peuple puisse désirer, en assurant la liberté individuelle, la propriété du bien de chacun, et l'admission à peu près égale pour tous à tous les emplois.

Mais elle ne compose qu'une grande masse dessinée, qu'une pensée bienfaisante de notre Roi : elle est seulement l'ensemble et l'esprit

3.

du gouvernement qu'il vouloit donner à la France. Il falloit créer presqu'aussitôt des institutions qui lui fussent appropriées, qui par des intermédiaires, expression dont je me suis déjà servi, fissent connoître au peuple les avantages de cette loi fondamentale, qui l'y attachassent par la reconnoissance ; et ce peuple, remontant du bienfait au bienfaiteur, en auroit, si cela est possible, aimé davantage son Roi, se seroit plus fortement attaché à la légitimité : il eût joui sans inquiétude du présent, et il eût placé avec confiance son espoir dans un avenir qu'il n'avoit pas besoin de calculer.

C'étoit l'engagement que les ministres avoient tacitement pris envers la nation, en acceptant le ministère dans de pareilles circonstauces. Ils devoient, avant de se charger d'un tel fardeau, consulter leurs forces, l'étendue de leurs moyens ; il falloit qu'ils eussent déjà la pensée de ces ingénieuses combinaisons qu'on avoit droit d'attendre d'eux. Au lieu de tout cela, ils ont interprété trop largement l'article 68 de la Charte, qui dit que toutes les lois qui ne sont pas contraires à cette Charte, restent en vigueur.

On pouvoit l'entendre du Code civil et des
autres Codes ; mais combien d'autres lois de
détail se rattachent à ces Codes qu'on peut
invoquer. C'est sur cet amas confus de toutes
les lois de la république, du directoire et
de Buonaparte, que la Charte est posée, et
qu'on veut à toute force la faire marcher. Il
doit en résulter des dissonances, des tirail-
lemens, bien sensibles surtout pour ceux qui
s'occupent de la jurisprudence. Ils n'en sont
pas moins sensibles dans l'administration gé-
nérale. Voyez quelle fluctuation dans les
opérations de ce ministère !

Il m'en a dit beaucoup sur tout cela ; il m'a
parlé des partis différens, des opinions diverses, des moyens d'opérer leur réunion,
de ce qui s'est passé dans les dernières ses-
sions..... Je supprime toute cette digression
politique, et je la remets en scène pour ce
qui seul m'intéresse essentiellement en ce moment. Le voilà qui continue.

Il faut, Madame, en recherchant si le
juge instructeur peut détenir un prisonnier

au secret, remonter à toutes les lois que l'on vous a indiquées; mais comme lorsque le vent est contraire, les navigateurs le saisissent au plus près, en interprétant ces lois diverses, rapprochez-vous de la Charte, et de l'esprit dans lequel elle a été conçue par le Roi. Le Monarque a voulu le bonheur de son peuple; il a voulu qu'il fût libre, qu'on ne déployât contre lui que les rigueurs indispensablement nécessaires, et écrites dans les lois reconnues réellement par la Charte. Il étoit bien loin de sa pensée et de son cœur de faire revivre les lois de circonstances, ou celles qui constituoient, ou la république, ou l'empire. Prenez cette idée pour guide; les notes que vous avez vous serviront. Ce projet de consultation (1) vous met bien au fait des lois dont vous avez à parler, vous indique la chaîne de vos raisonnemens : écrivez ensuite comme vous l'entendrez, non point en style d'avocat, et vous produirez plus d'effet que les froids et arides raisonnemens que je ferois sur cette matière : n'ou-

______

(1) J'avois, en effet, un projet de consultation qui avoit été fait par un de mes conseils.

bliez pas de consulter l'ouvrage de M. Carnot à la page 724 du deuxième volume. Je
vais vous le prêter.

Quant au prétendu complot, je ne croirai
jamais, à moins que cela ne devienne pour
moi plus clair que le jour, que les personnes
arrêtées en soient coupables; mais peut-être
quelques propos que dans des momens de
mécontentement..... — Monsieur, permettez
que je vous arrête : mon mari et ses amis
n'ont jamais cessé d'aimer, de révérer le Roi;
ils n'ont donc pu proférer même un mot
inconvenant. — En ce cas, Madame, les
ministres, ceux qui suivent cette affaire, ont
appelé sur leur tête une immense responsa-
bilité : après tout le bruit que cette prétendue
conspiration a fait dans toute l'Europe; après
tout ce qu'on a consigné dans les gazettes,
dans les écrits, dans les pamphlets; après
l'appareil qu'on a mis dans l'arrestation des
prévenus; après ce long secret où on les a
plongés, on a pris l'engagement solennel de
prouver la conspiration, et les moyens que
les conspirateurs s'étoient préparés.

Buonaparte n'a employé qu'une fois tout
ce fracas, ces annonces d'une conspiration

qui, disoit-il, compromettoit sa personne,
son gouvernement, son pouvoir, ce secret
prolongé imposé aux accusés; mais il s'agissoit de la conspiration de Georges et de Pichegru; et tout cela a fini par un procès qui
du moins est devenu très-célèbre, et où ont
figuré d accusés en très-grand nombre.

Me voilà donc, M. le juge instructeur,
avec les renseignemens que j'ai recueillis; et,
après vous avoir indiqué comment je me les
suis procurés, obligée de discuter cette question, qui devient pour mon mari, pour mes
enfans, pour nos amis arrêtés et pour moi,
de la plus grande importance.

J'ai parcouru avec grand soin ce Code
d'instruction criminelle qui doit être la règle
immuable de conduite du juge qui procède
à l'information dans un procès criminel, et
qui doit garantir les accusés quand ils sont
mis à votre disposition. Dans aucun article
je n'ai vu qu'on pût enfermer les accusés au
secret pendant des mois éternels. Le mot
secre , comme gêne ajoutée à la gêne de la
détention, n'y est pas même une seule fois
écri t; et je me trompe d'autant moins, que
je lis à la page 724 du livre que m'a prêté

mon ancien jurisconsulte, et qui a pour titre :
« *De l'Instruction criminelle, considérée dans*
» *ses rapports généraux et particuliers avec*
» *les lois nouvelles et la jurisprudence de la*
» *Cour de cassation, par M. Carnot, con-*
» *seiller de la Cour de cassation, chevalier,*
» *membre de la Légion-d'Honneur* », je lis,
dis-je : « *On ne trouve nulle part dans le Code*
» *d'instruction criminelle l'autorisation for-*
» *melle donnée aux juges d'instruction et*
» *aux présidens des Cours et des Tribunaux*
» *de faire détenir l'accusé au secret ; mais il*
» *résulte des dispositions de l'article* 302, *que*
» *les présidens des Cours d'assises et spéciales*
» *peuvent défendre de laisser communiquer*
» *l'accusé avec qui que ce soit, avant d'avoir*
» *subi son interrogatoire.*

» *L'ordonnance de* 1670 *ne permettoit*
» *aucune communication avec les personnes*
» *qui étoient détenues dans les cachots, ni*
» *même qu'il leur fût remis aucune lettre ou*
» *billet.*

» *Cette sévérité n'est pas autorisée par le*
» *Code ; mais cela ne doit pas empêcher la*
» *surveillance des gardiens, qui doit être plus*

» spéciale alors que dans les circonstances
» ordinaires. »

Dans ce passage de l'auteur que je cite, on
trouve écrit bien clairement que le Code ne
permet point à un juge de détenir un accusé
au secret. La sévérité de ne laisser passer *ni*
lettres ni billets à un individu mis au cachot,
autorisée par l'ordonnance de 1670, n'est pas
autorisée par le Code. Mais voici deux res-
trictions cependant, continue M. Carnot,
l'art. 302 dit que les présidens des Cours
d'assises et spéciales peuvent défendre de
laisser communiquer l'accusé avec qui que
ce soit, avant d'avoir subi son interroga-
toire; je feuillette mon Code, j'arrive à cet
article 302, et je lis : « *Le conseil pourra*
» *communiquer avec l'accusé, après son*
» *interrogatoire.*

» *Il pourra aussi prendre communication*
» *de toutes les pièces, sans déplacement, et*
» *sans retarder l'instruction.* »

Je vois bien qu'on peut induire de cet
article que c'est seulement après que l'accusé
a été interrogé par le président de la Cour
d'assises, qu'il communique avec son conseil,
et encore c'est expliquer bien sévèrement le

texte; car si on eût entendu faire une prohibi-
tion, au lieu de dire, *Le conseil pourra communiquer avec l'accusé après son interrogatoire,* cet article porteroit : Le conseil NE
pourra..... QU'APRÈS, ou *le conseil pourra
seulement.... après...;* mais du sens le plus
sévère prêté à cette disposition de la loi;
jusqu'à l'autorisation de détenir un accusé au
secret, il y a des milliers de lieues de distance.
Il faut donc dire avec mon livre de M. Carnot :
Nulle part cette autorisation de mettre un
accusé au secret, n'est donnée au juge-instructeur.

Voyons l'autre res'riction : la sévérité de
ne laisser passer ni lettres ni billets à un individu plongé dans un cachot, permise par
l'ordonnance de 1670, n'est point autorisée
par le Code; cependant cela ne doit pas empêcher la surveillance des gardiens, etc. Il
me semble que M. Carnot étoit bien convaincu qu'un juge ne peut légalement employer cette mesure de mettre un accusé *au
secret;* mais comme son livre a paru quand
Buonaparte régnoit, quand Buonaparte mettoit si souvent sa volonté à la place de la loi,
quand il autorisoit les détentions *au secret,*

quoique la loi les défendissent, il falloit, en
disant la vérité, se présenter pourtant sous une
sorte de voile. Je pense que c'est à cela qu'il
faut attribuer ce retour sur lui-même que fait
cet auteur. Si son livre eût été publié sous
Louis XVIII, et depuis que nous avons la
Charte, je suis presque convaincu qu'il l'eût
fait disparoître. Et, en effet, cette seconde res-
triction est remarquable par sa naïveté. La loi
n'autorise pas la sévérité de a mise au secret ;
cependant, les gardiens doivent plus spécialement veiller en ce cas, que dans les circons-
tancer ordinaires. Eh ! mais, sans doute ! On
ordonne au gardien de tenir un homme au
secret, il le fait, il doit obéir, et M. Carnot a
raison de lui recommander cette obéissance.
Mais c'est le juge, quand la loi ne le lui permet pas, qui devroit s'abstenir de donner de
semblables ordres. Il me semble que , si j'avois
eu l'honneur de conférer avec M. Carnot, con-
seiller de la Cour de cassation , il seroit con-
venu que j'ai saisi le sens caché de sa phrase.

Un de mes conseils m'a indiqué un article
du Code pénal, c'est l'article 102 , dont s'autorisent encore les juges qui mettent des accusés au secret. Je le transcris ; je lasse peut-

être votre patience : il m'en a fallu beaucoup pour lire et étudier tous vos Codes. Enfin le voilà cet article du Code pénal :

« Les gardiens et concierges des maisons
» de dépôt, d'arrêt, de justice et de peine,
» qui auront reçu un prisonnier sans mandat
» ou jugement, ou sans ordre provisoire du
» gouvernement ; ceux qui l'auront retenu ou
» auront refusé de le représenter à l'officier
» de police ou au porteur de ses ordres *sans*
» *justifier de la défense* du procureur du Roi
» ou du juge ; ceux qui auront refusé d'exhiber
» leurs registres à l'officier de police, seront,
» comme coupables de détention arbitraire,
» punis de six mois à deux ans d'emprison-
» nement, et d'une amende de seize à deux
» cent francs. »

Et, sur cet article, on raisonne ainsi : Les gardiens et concierges ne sont pas coupables de détention arbitraire en, refusant de repré-senter les prisonniers, quand ils justifient d'un ordre du procureur du Roi, ou du juge : donc, le procureur du Roi ou le *juge* peu-vent ordonner que le prévenu restera détenu au secret. Cette conséquence est terriblement forcée.

On appuie encore ce raisonnement de l'article 302 du Code d'instruction que j'ai cité, qui dit que l'accusé pourra conférer avec son conseil après que le président de la Cour d'assise l'aura interrogé.

Il n'avoit pas tort, mon ancien jurisconsulte, de me dire que la Charte disparoissoit abîmée sous les lois de la république, du directoire et de Buonaparte ; et moi. j'ajoute, sous les abus même de ces lois que Buonaparte autorisoit par sa seule volonté, abus tyranniques qu'on s'obstine à conserver (1). Toute hardie que cette proposition paroisse, je vais le prouver.

Le Charte dit, art. 4 : « *Leur liberté individuelle* (celle des Français) *est également garantie; personne ne pourra étre poursuivi ni arrété que dans les cas prévus, et dans la forme qu'elle prescrit.* » Ce mot, qu'elle prescrit, se rapporte à la loi.

Cette loi, qui régit les arrestations, et qui détermine la forme des détentions, ce sont

---

(1) Cette idée que je généralise, je ne l'applique pourtant *qu'à* mon objet, au secret où l'on retient certains accusés.

les Codes d'instruction criminelle et pénal. Le juge ne peut donc être plus sévère que ces lois; il ne peut employer de mesure de rigueur que celle qui y sont indiquées. A quel être raisonnable, homme ou femme (fut-il aussi étranger que je l'étois à vos Codes, avant de les avoir étudiés avec cette ardeur que donne le désir de défendre son mari), ferez-vous croire, qu'au mépris de cet article de la Charte, et avec ces insignifians (1) articles 302 du Code d'instruction criminelle et 102 du Code pénal, un juge est autorisé à détenir un prisonnier au secret pendant des mois entiers ? On y verra, j'en conviens, que, par cet article 302 du Code d'instruction criminelle, le président d'une Cour d'assise peut, avant de l'avoir interrogé, empêcher un accusé de conférer avec son avocat; que par cet article 102 du Code pénal on peut soutenir que le procureur du Roi et le juge ont le droit de donner des ordres au gardien de ne point représeuter la personne du détenu à ceux qui demanderoient à le voir. Mais faire sortir de ces articles la faculté de détenir des prison-

____

(1) Je dis *insignifians* relativement à la question que je discute.

niers *an secret*, c'est vn abus cruel du raisonnement, c'est mépriser assez celui auquel on
l'adresse pour imaginer qu'il ne sera pas frappé
des plus simples notions du sens commun.

Je m'arrête ; une réflexion me frappe en ce
moment. Entre vous et moi, ce que c'est que
la détention d'un prisonnier au secret est une
chose connue ; mais pour un tiers qui est peut-
être bien loin d'avoir uue notion de cette
espèce de torture , il se peut que ce mot *secret*
n'ait point sa force et son étendue.

Je vait donc m'expliquer afin de me faire
entendre.

Chacun peut se faire une idée de la gêne
imposée à un prisonnier, de rester détenu ,
sans qu'il lui soit permis de communiquer
avec ses proches , ses amis et le monde de
l'extérieur ; de ne pouvoir écrire ou recevoir
une lettre. C'est peut-être cette gêne que les
articles que j'ai cités permetteut au juge , au
procureur du Roi , au président d'uue Cour
d'assise de faire supporter pendant un temps
très-limité à un prévenu. Mais qu'est-ce que
cela auprès d'une détention au secret quand
elle dure pendant plus d'un mois ? Ames que
la sensibilité peut émouvoir, cœurs qui n'avez

pas étouffé par un monstrueux égoïsme cet intérêt que nous inspire le malheur de nos semblables ; vous tous, enfin, qui avez encore quelque sentiment d'humanité, apprenez ce qu'est une détention au secret ! Venez, écoutez-moi : pourrai-je vous en faire l'épouvantable peinture !

L'infortuné arraché de son domicile du sein de sa famille, du milieu de ses amis, par une arrestation éclatante, scandaleuse, est tout à coup plongé dans les ténèbres de ce secret ; dans un cachot qu'on nomme une chambre de prison. D'énormes verroux sont fermés sur lui. Désormais il n'appartient plus au monde, il n'appartient plus à lui-même, il rève, il rève long-temps, il ne verra plus que le silencieux individu qui, en venant lui apporter sa subsistance, le fait ressouvenir que s'il est plongé dans un tombeau, il y est plongé vivant ; veut-on renouveler l'air usé que ses poumons ont respiré, on lui permet de faire quelques pas dans une cour solitaire, inces-samment observé par un homme qui épie ses mouvemens, qui compte ses pas ; et quand il a avidement aspiré la portion d'air neuf qu'on a bien voulu lui départir pour sa journée, *c'est assez*, lui dit-on ; et on le renferme dans le méphytisme de son cachot : voilà les tourmens du corps. Ceux de l'âme sont mille fois plus cruels. Qu'on s'imagine dans quelle situation affreuse doit se trouver ce prisonnier, quand il est innocent, quand par quelques questions qu'on lui a faites, il connoît de l'accusation ce qu'elle a seulement d'atroce ; quand il comprend que ses ennemis s'agitent, l'enlacent de leurs intrigues, et qu'il ne peut rien opposer au mal qu'on lui fait ou qu'on peut lui faire, quand il ignore quel avantage ils ont pris sur lui. Alors, indigné de l'affreuse injustice qui l'opprime, il s'agite, il interroge les murs de sa prison par les cris de son désespoir et de sa rage, et les murs d'une prison absorbent tous les secours et n'en rendent aucuns. C'est dans cet état que je me figure que doit être mon mari ; et quand on me dit avec un sang froid atrocement cruel : *puisqu'il est innocent qu'il se tienne tranquille*, il me semble voir un bourreau qui insulte ironiquement à sa victime, avant de l'immoler. Si ce secret duroit quelques jours....! Mais des mois entiers...! Un mois est une éternité de souffrance. Et c'est sous le règne d'un Bourbon, sous le règne de Louis XVIII, sous l'empire de cette Charte, qui garantit la liberté individuelle, qu'on livre à de pareils tourmens un homme qui est certainement innocent, à moins qu'on ne lui fasse un crime de n'avoir versé son sang que pour son roi, et de rester inébranlablement attaché à la légitimité.

Je dois cependant convenir qu'il existe une loi dans une des dispositions de laquelle il est question du *secret*; mais pourrai-je avoir le courage de la citer ! C'est l'acte constitutionnel du 22 frimaire de l'an VIII; l'article 80 porte :

« La représentation de la personne détenue
» ne pourra être refusée à ses parens et amis
» porteurs de l'ordre de l'officier civil, lequel
» sera toujours tenu de l'accorder, à moins
» que le gardien ou geôlier ne represente une
» ordonnance du juge pour tenir la personne
» *au secret.* »

Voilà donc ce mot enfin trouvé dans un article de loi, et il est remarquable que cet article est l'un de ceux qui composent cet acte constitutionnel du 22 frimaire de l'an VIII (13 décembre 1799), dont le premier porte : *La république française et une et indivisible;* il est remarquable encore que c'est dans toutes ces lois faites pendant la république, qu'on trouve les instrumens pour incarcérer, détenir en prison les individus, non comme coupables, non comme prévenus, mais seulement comme *suspects*.

Cependant, que ceux qui ont intérêt de conserver aux juges ce terrible droit de détenir un innocent en prison, au secret, ne triomphent pas encore; car cet acte constitutionnel est nécessairement abrogé par la Charte : il est donc anéanti; autrement la Charte ne seroit que l'acte additionel aux constitutions de la république et de l'empire; et ce seroit alors que mon ancien jurisconsulte auroit bien raison de dire que ce n'est pas exécuter cette Charte que de la défigurer en ne l'expliquant que par toutes ces lois qui doivent être mortes aujourd'hui (1).

___

(1) On m'a déja objecté, on m'objectera sûrement encore, que le Parlement, le Châtelet, et les autres Tribunaux criminels qui existoient en France avant la révolution, mettoient quelquefois les prisonniers au secret dans les premiers momens de la procédure; que le régime imposé aux prisonniers d'Etat détenus en vertu d'ordres du Roi, étoit exactement le secret comme je l'ai représenté. Tout cela peut être vrai, mais c'étoit avant

Mais si l'on ne se sert pas de cet article comme d'une autorité, en convenant que cette loi est abrogée, les partisans du droit de détenir au secret prétendront faire du moins résulter de cette citation que ce secret étoit en usage à cette époque, puisque cet acte constitutionnel en parle comme d'une chose entendue, connue de tout le monde, et qui n'avoit pas besoin d'être définie. Un moment, Messieurs, entendons-nous, s'il vous plaît : la manie de ne pas me laisser battre si facilement, m'a gaguée, depuis qu'avec mes guides

---

la révolution, mais nous n'avions pas la Charte qui garantit la liberté individuelle et le Code d'instruction criminelle qui dit tout ce qu'un juge peut faire et qui interdit de faire ce qu'il ne dit pas ; mais nous ne pouvons plus avoir aujourd'hui de prisonniers d'Etat détenus en vertu d'ordres du Roi, obtenus par les ministres. Il n'y a même plus de Bastilles et de prisons d'Etat. La seule prison illégale qui existe encore, est celle que M. le préfet de police de Paris s'est réservée dans son hôtel. C'est un abus monstrueux en présence de la Charte, il sera, sans doute, bientôt réformé. Il est étonnant qu'il ne le soit pas encore après la réclamation de M. Berryer fils, consignée dans la consultation pour le nommé Chedel, qui a été imprimée et publiée.

j'ai appris à connoître vos lois. Cet article 80 dit que l'officier de l'état civil sera tenu d'accorder aux parens et amis de la personne détenue, l'ordre pour qu'on leur représente le prisonnier, à moins qu'il n'y ait une ordonnance du juge de le détenir au secret. Un parent et un ami, par cette constitution, pouvoit donc demander à voir ce détenu, et il falloit le leur montrer, à moins qu'il ne fût au secret; mais qu'entendoit-on par ce secret? C'étoit, ce me semble, de ne point représenter la personne incarcérée, à ses parens ou à ses amis; de ne la laisser communiquer avec personne de l'extérieur; mais pouvoit-on supposer que par ce secret on enterreroit vivant un prisonnier pendant des mois entiers dans une chambre, sans aucune communication avec le reste des humains; qu'on le voueroit, quoiqu'il fût innocent, à l'un des plus cruels supplices qu'on ait pu inventer? Si cette mesure étoit légale, les auteurs de ces lois n'auroient pas manqué, dans les constitutions ou dans les différens Codes d'instruction criminelle, de définir ce qu'on doit entendre par le secret; à quelle époque de la procédure et combien de temps le juge y pourroit détenir un prévenu.

Il ne l'a fait nulle part ; donc, cette mesure est arbitraire, attentatoire à la liberté d'un homme, à sa personne, à sa santé, à sa vie ; et observons toujours que le secret, ainsi qu'on l'inflige aujourd'hui, ne peut être considéré, surtout lorsqu'il est prolongé pendant plus d'un mois, comme une mesure de police ou comme un moyen de découvrir la vérité ; c'est une peine, c'est un vrai supplice qu'on fait supporter à un homme qui, n'étant pas condamné, doit être présumé innocent ; et c'est tellement une peine, un supplice, que le condamné à la détention ne reste point au secret ; que si on l'y mettoit, on ajouteroit une rigueur à la rigueur de sa condamnation ; on commettroit un véritable délit, et l'on seroit impunément plus sévère pour un innocent qu'on ne pourroit l'être pour un coupable. O hommes ! soyez donc conséquens !

Il n'y a donc réellement ni lois, ni décrets, ni constitution qui, cette fois, contrarient la Charte relativement à la forme des arrestations : cette mise en détention au secret est donc une violation de cette Charte ; une détention arbitraire.

Mais voyons si du moins on peut s'excuser sur la nécessité indispensable d'employer cette mesure et avec autant de barbarie.

Les journaux, dans leurs articles communiqués, ont dit aux Français, qui s'étonnoient de tant de rigueur déployée contre des gens qui ne sont ni accusés, ni condamnés, que la procédure criminelle est essentiellement secrète jusqu'à la mise en accusation, et un peuple de niais, qui bavarde dans certains sallons, répétoit avec emphase ce qu'on lui avoit inculqué par ces journaux. La procédure est secrète, cela veut dire que les pièces de la procédure ne peuvent être communiquées ; mais peut-on assimiler les prévenus à des feuilles, de papier insensibles ? Et met-on les hommes dans des armoires comme dans des dossiers ? Il y a des raisonnemens tellement absurdes, qu'on devient absurde en les combattant ; il n'est cependant pas permis de les négliger.

Au nombre des raisonnemens de cette force, il faut compter celui qui consiste à

dire que, pour trouver la vérité, le juge=
instructeur peut taire ce qui n'est pas dans la
loi. Je dis au contraire, que quand il s'agit
d'imposer une peine à un détenu, et le secret
prolongé en est une atroce, le juge ne peut
faire que ce qui est positivement écrit dans
la loi; qu'il ne peut ajouter aucune rigueur
à celle qu'elle commande; qu'il ne doit pas
surtout s'autoriser des abus de pouvoir que
Buonaparte autorisoit par sa volonté. Buonaparte mettoit ses prisonniers d'Etat au
secret; il y a mis les accusés dans l'affaire de
la conspiration de Pichegru et de Moreau;
un juge pour cela a-t-il le droit de déténir
éternellement des prévenus au secret? Picot
s'est plaint à l'audience où le procès a été
jugé, qu'on l'avoit torturé pour obtenir qu'il
fît des aveux. Un juge pourroit-il, pour arri-
ver à cette prétendue vérité, qu'il paroît
vouloir découvrir, faire ce qu'on a fait à la
Préfecture de police, sous Buonaparte, et
torturer les accusés? O Charte que notre Roi
nous a donnée! que deviendrez-vous, si la
république et Buonaparte, leurs constitutions
et leurs lois sont toujours là?

Il est donc vrai que, quelque importante

que soit une conspiratiou, le juge-instructeur
ne peut oublier la Charte, le Code d'instruction criminelle, et s'autoriser d'une Ordonnance de 1670, ou la Constitution de
l'an VIII, pour détenir des prévenus au
secret. Obtiendrai-je enfin que celui de mon
mari soit levé ? Je n'en sais rien. Mais ce que
je sais bien, c'est que le secret est une sorte
de torture, et Louis XVI, à son avènement
au trône, les avoit toutes abolies.

Je termine cette longue discussion par
une réflexion que je voudrois bien supprimer,
mais qui m'échappe malgré moi. Un hon-
nête homme autrefois pouvoit espérer de
parcourir une longue carrière, sans imaginer
qu'il fût possible qu'il passât par le *guichet*
d'une prison. Nul, depuis la révolution, ne
peut vivre dans une semblable sécurité. Les
prisons ont été habitées par les plus illustres
personnes, par les hommes élevés aux plus
hautes dignités : on y a vu des anciens ministres, des juges, des procureurs-généraux,
des procureurs du Roi, des individus de
toutes les castes et de toutes les classes, de
toutes les religions et de toutes les opinions ;
tous ont subi des procès ; tous peuvent en

subir encore ; tous peuvent être mis au *secret*, à ce secret que la loi n'autorise pas. Hâtons-nous donc d'abolir cet abominable usage, ce supplice imposé à l'innocence, et ce bienfait sera presque aussi utile à l'humanité que l'a été autrefois l'abolition des sacrifices humains.

J'ai l'honneur d'être, avec le respect et la considération que je dois à votre personne et aux fonctions que vous remplissez,

Monsieur,

Votre très-humble et très-obéissante servante,

Signé la Vicomtesse DE CHAPPEDELAINE.